어느 대나무의 고백

복효근 시선집

시인동네 시인선 복효근 시선집

어느 대나무의 고백

시인동네

시인의 말

첫 번째부터 다섯 번째 시집 사이에서 가려 뽑아 시선집을 낸 적이 있다. 지금도 다르지 않지만 시에 대해 아무것도 모르던 때다. 2006년이다. 그걸 새로이 찍기로 하였다. 몇 편을 더 보태고 몇 편은 고쳤다. 돌아보면 부끄럽기 짝이 없다. 시랍시고 내가 이런 시를 썼나 싶으면 바짝 땀이 날 때도 없지 않다. 시도 삶도 부끄러움을 먹고 자란다. 부질없다 할지라도 나는 나를 넘어서기 위해 다시 한번 더 부끄럽기로 한다.

2024년 3월
복효근

차례

시인의 말

제1부

당신이 슬플 때 나는 사랑한다 · 13
안개꽃 · 14
숲 · 16
섬진강 · 18
아내와 다툰 날 밤 · 20
물의 노래 · 22
한증막에서 · 23
새를 기다리며 · 24
양파 까기 · 26
수인번호를 발목에 차고 · 28

제2부

상처에 대하여 · 31
겨울 숲 · 32
흔들림에 대하여 1 · 34
다친 새를 위하여 · 36

태풍 속에서 · 38
다림질을 하다가 · 40
전셋집 마당에 상추를 심다 · 42
기저귀를 빨면서 · 44
매화가 필 무렵 · 46
낙엽 · 47
네 푸른 자유를 위하여 · 48
코스모스 통일론 · 50
버마재비 사랑 · 52

제3부

토란잎에 궁그는 물방울 같이는 · 55
씨알 속의 우주 한 그루 · 56
가마솥에 대한 성찰 · 58
개똥 · 59
새에 대한 반성문 · 60
고전적인 자전거 타기 · 62
소리물고기 · 64

등신불 · 65

버팀목에 대하여 · 66

보리를 찾아서 · 68

광어에게 · 70

스위치백 · 71

소리 세례 · 72

대한국인(大韓國人)의 손가락 · 74

꽃등심 · 76

염소와 나와의 촌수 · 77

폐차와 나팔꽃 · 78

겨울밤 · 80

새 발자국 화석 · 81

춘향의 노래 · 82

네 속눈썹 밑 몇천 리 · 84

제4부

꽃 본 죄 · 87

아름다운 번뇌 · 88

누 떼가 강을 건너는 법 · 90

강은 가뭄으로 깊어진다 · 92

어느 대나무의 고백 · 94

탱자 · 96

꽃 앞에서 바지춤을 내리고 묻다 · 97

물총새의 사냥법 · 98

만복사저포기 · 100

운주사에서 배운 일 · 102

허물 · 103

콩나물에 대한 예의 · 104

석쇠의 비유 · 106

소금의 노래 · 108

산길 · 110

제5부

목련꽃 브라자 · 113

5월의 느티나무 · 114

잠자리에 대한 단상 · 116

쟁반탑 · 118

생(生) · 119

연어의 나이테 · 120

틈, 사이 · 122

어느 연민의 시간 2 · 124

비 혹은 피 · 126

별 · 127

냉이의 뿌리는 하얗다 · 128

외줄 위에서 · 130

나무의 전모 · 132

배롱꽃 지는 뜻은 · 134

넥타이를 매면서 · 135

각시붓꽃을 위한 연가 · 136

잔디에게 덜 미안한 날 · 138

목련에게 미안하다 · 140

별 가족 · 141

청빈 · 142

해설 당신의 슬픔 속에 핀 대나무의 수줍은
    목소리 · 143
        이강엽(대구교대 교수)

제1부

당신이 슬플 때 나는 사랑한다

내가 꽃피는 일이
당신을 사랑해서가 아니라면
꽃은 피어 무엇하리
당신이 기쁨에 넘쳐
온누리 햇살에 둘리어 있을 때
나는 꽃피어 또 무엇하리
또한
내 그대를 사랑한다 함은
당신의 가슴 한복판에
찬란히 꽃피는 일이 아니라
눈두덩 찍어내며 그대 주저앉는
가을 산자락 후미진 곳에서
그저 수줍은 듯 잠시
그대 눈망울에 머무는 일
그렇게 나는
그대 슬픔의 산 높이에서 핀다

당신이 슬플 때 나는 사랑한다[*]

---

[*] 용담꽃의 꽃말.

안개꽃

꽃이라면
안개꽃이고 싶다

장미의 한복판에
부서지는 햇빛이기보다는
그 아름다움을 거드는
안개이고 싶다

나로 하여
네가 아름다울 수 있다면
네 몫의 축복 뒤에서
나는 안개처럼 스러지는
다만 너의 배경이어도 좋다

마침내는 너로 하여
나조차 향기로울 수 있다면
어쩌다 한 끈으로 묶여
시드는 목숨을 그렇게

너에게 조금은 빚지고 싶다

숲

나무가 나무에 기대어
숲을 이루다
저희가 가진 것 없어 엉키어
온몸으로 내가 너다
소나무는 박달나무 이름으로
소나무다 소나무를
아무도 숲이라 하지 않는다
소나무로 하여
박달나무가 숲이다
그리하여 소나무는
숲이다 박달나무는
오리나무는 하다못해 찔레
나무는 상수리나무는
그래서 비로소 숲이다
만약 소나무가 박달나무로 하여
숲이 아니라면 이 숲속의
그리움은 누구 것이냐
머리 위에 빛나는 하늘은

바위는 또 냇물은
무엇의 사랑이냐
숲속 나무에 기대어
내게 지닌 것 모두
제자리에 돌려주고
한 마리 순한 짐승으로
내가 숲이 된다
내가 숲이다 내가 너다

섬진강

어머니 보릿고개
명주실꾸리 같은 이야기 하나가
끝없는 강줄기에 이어지는 곳

흘러온 만큼의 세월로 깊어지면서
지리산을 오롯이
제 품에 안고

비우고 비워내는
물의 가슴에
사금파리를 버무린
갈증의 바위들이 삭고 있다

산전수전 다 겪은
눈물들이
어깨 겯고 출렁이고 있다

지리산 아버지 돌아와

겸상하여 마주 앉은
열아홉 어머니 앙가슴 속
푸른 강 한 줄기 바다로
바다로 깊어지고 있다

아내와 다툰 날 밤

새로 얻은 전셋집 마당엔
편지 대신 들꽃씨가 자주 날아와 앉았지
봄 내내 우린
싸움닭처럼 다투었고 그런 날이면
마당귀 가득 달맞이꽃이 피었지
전셋값이 삼백이나 더 오른 날 밤도
달은 뜨고 달맞이꽃은 피었지
하많은 날 수많은 꽃들이 피었다 져도
세상은 아직 그렇게 아름다워지지 않았으므로
밤이 되어
어둠이 세상을 온통 지워버려도
지워지지 않는 아픔과 그 아픔으로
깨어 있는 들꽃 같은 우리네 소망
그리고 아직은
가슴 가득 정정한 그리움도 있어
별이 어두울수록 빛나듯
달 없는 밤에도 꽃은 피는지
우리 긴긴 싸움의 나날

아내여, 귀 기울여봐
온갖 것 다 놓아버리고 싶은 밤이면
어둠 가득한 마당귀에
귀 기울여 들어봐
아아, 달맞이꽃 터지는 소리 들어봐

물의 노래

먼 길 돌아가네
두 주먹 불끈 눈두덩 찍어내며
먼 길 돌아가네
어느 길 잃고 미친 사랑이
질러놓은 불길
그 불길도 다 타서
밤길 더듬어 돌아가네

하류로 하류로 흘러가서
아무도 다치지 않을
꽃 한 송이 피워낼 생각
썩은 내 몸에서
빚어 올리는 물빛 향기
그렇게 잠시
물 위에 머물다가 다시
물이 되어 흐를 생각으로
나 먼 길 돌아가네

한증막에서
— 대중탕에서 7

여름날 땡볕에 밭을 매는
어머니의 옷은
쥐어짜면 땀국이 주르르 흘렀다
벗겨진 등걸에는
하얀 소금가루가 서려 있었다

감옥을 닮은 한증막에서
숨 컥컥 차오르며 땀 흘린 다음에야
나 비로소 생각느니
다만 견디기 위해 살았던 당신의
한증막 같은 생애

나는 당신께
한 바다의 땀과
당신 살갗에 구운
한 가마의 소금을 빚지고 있다

새를 기다리며

청동빛 저무는 강
돌을 던진다
들린다 강의 소리
어머니의 가슴에서 나는 소리가 그러했지
바위를 끌어안고 제 몫의 아픔만큼 깊어지는 강의 소리
새벽 강은 가슴 하류에 희디흰 새 모래를 밀어내고
모래 위엔 이슬 젖어 빛나는 깃털 몇 개
비상의 흔적으로 흩어져 있었지
그 기억으로
새 한 마리 기다려
돌은 던진다 절망절망 부서진 바위 조각을 던진다
부질없을지라도
그 부질없음이 비워놓은 허공을
돌은 날고 있을 때 한 마리의 새를 닮는다
강물 속에서 돌은 새알이 된다
보인다 이윽고
닳아진 돌의 살갗 밑으로 흐르는 피
맑아진 하류의 강물 속

던져진 돌은 기억하고 있다
용암을 흩뿌리던 화산 근처에서 씨알을 찾던
지금은 화석이 된 시조새의 형상을,
돌을 던진다
미망의 어둠 속
바위를 삼켜 새를 빚어내는 어머니의 가슴 그 빛나는 강
하류의 모래벌에서
부화하여 날아오를 한 마리
새를 기다리며

양파 까기

양파를 깐다 다시
곤궁한 하루 위로 어둠이 밀물지면
공복의 쓰라린 위장을 위하여
한 그릇 찌개를 준비하며
아내와 양파를 깐다

한 꺼풀 벗겨질 때마다
드러나는 속살 혹은 상처
더 빛나고 순결한 부분은 없을까
한 꺼풀 더 벗기다 보면
껍질뿐인 나의 양파 까기

아직 살아야 할 날들의
나는 무엇의 껍질인가
벗겨낼 또 무엇을 찾으며
양파껍질로 하루를 되질하면
아무리 빛나는 속살일지라도
나는 누구의 또

벗겨져야 할 가면으로 남아

부정하라 부정하라
타이르며 껍질을 벗는 시간
해탈해 버려 어느 날 이윽고
껍질뿐일지라도
최루성 빛나는 희망으로
양파를 깐다

수인번호를 발목에 차고

대중탕에 들어서면 운명처럼
번호표 달린 열쇠를 받는다
죄인이라는 거다
관을 닮은 옷장을 열면
물음표 같은 옷걸이 하나
살아온 날을 묻는다
확인하자 벗으라 한다
양말도 벗고 겉옷을 벗고
속옷을 벗고 남김없이 벗고 나면
입은 만큼 껍질로 쌓이는 시간
거울 속
수인번호를 발목에 차고
추레한 사내 하나
벗어야 할 껍질로 서 있다

제2부

상처에 대하여

오래전 입은 누이의
화상은 아무래도 꽃을 닮아간다
젊은 날 내내 속썩어쌓더니
누이의 눈매에선
꽃향기가 난다
요즈음 보니
모든 상처는 꽃을
꽃의 빛깔을 닮았다
하다못해 상처라면
아이들의 여드름마저도
늦여름 고마리꽃을 닮았다
오래 피가 멎지 않던
상처일수록 꽃향기가 괸다
오래된 누이의 화상을 보니 알겠다
향기가 배어나는 사람의 가슴속엔
커다란 상처 하나 있다는 것

잘 익은 상처에선
꽃향기가 난다

겨울 숲

새들도 떠나고
그대가 한 그루
헐벗은 나무로 흔들리고 있을 때
나도 헐벗은 한 그루 나무로
그대 곁에 서겠다
아무도 이 눈보라 멈출 수 없고
나 또한 그대가 될 수 없어
대신 앓아줄 수 없는 지금
어쩌랴 내가 할 수 있는 일은
이 눈보라를 그대와 나누어 맞는 일뿐
그러나 그것마저
그대만을 위한 것은 아니었다
보라 그대로 하여
그대 쪽에서 불어오는 눈보라를
내가 견딘다 그리하여
언 땅속에서
서로가 서로의 뿌리를 얽어 쥐고
체온을 나누며

끝끝내 하늘을 우러러
새들을 기다리고 있을 때
보라 어느샌가
수많은 그대와 또 수많은 나를
사람들은 숲이라 부른다

흔들림에 대하여 1

흔들리는 것은 살아 있다
흔들림으로 업을 삼은 깃발은
그 흔들림으로 살아 있다
무겁게 매달리는 땅덩이를 떨치고
하늘 저 켠으로 날아가고도 싶지만
깃발은 누군가의
염원 끝에 매달려
목마른 몸부림으로 살아 있다
늘 검문소를 지나
집과 직장 사이
절집과 술집 사이 오랜 시간의 회의로
내 발걸음도 흔들려서
몇 번이고 우회로를 돌아 오늘은
하늘 가까운 언덕 위에 선다
발걸음 흔들릴 때마다
이 언덕보다 높은 하늘 저쪽
떠나버리고도 싶었지만
깃대를 떠난 기폭을

누가 깃발이라 부르는가
살아 있음은 흔들려 몸부림친다는 것
흔들어다오
누군가의 깃대 위에
그 흔들림의 마지막까지
온몸으로 살아 있고 싶다

다친 새를 위하여

늦은 저녁 숲에
날개를 다쳐 돌아오는 새 있다
무리에서 저만치 처져서
어느 이역의 하늘을 떠돌다 오는지
꺼져가는 석양이 아쉬워
별 가까운 먼 하늘까지
갔다가 돌아오는지
절름거리는 날갯짓으로
별빛 한 가닥 물고 오는 새 있다
밤새 새는
부서진 깃을 다듬어
새로이 떠날 채비를 하고 있는지
숲은
쓰린 달빛으로 수런거리던 것을……
숲에 가보라 새벽
새는 그새
해 뜨는 쪽으로 높이 날아오르고
높이 나는 새의 날개깃엔

언제나 핏빛이 돌아
아침 해 저리 고운 것을
보라 새가 떠난 자리엔
상처받은 자만이 부를 줄 아는
곱디고운 노래가
숲을 흔들어 깨우고 있다

태풍 속에서

벌써 바람이 몰려오고
일기예보에서는 밤새
한 차례 태풍이 올 거라고 했다
그 많던 새들은 다 어디로 갔는지
새소리 그치고
몇 마리 새들만이
바람이 몰려오는 쪽을 향하여
나뭇가지를 지키고 있었다
사람들은 서둘러 지붕에
비닐을 덮고 돌을 얹었지만
새들은
가끔 가지를 골라 옮겨 앉을 뿐
집을 짓거나 고치지 않았다
어둠 속에서
새들이 서로의 이름을
부르는 소리가 들렸다 그것은
울음이거나 노래가 아니었다
새들은 눈을 감거나

몰려오는 구름을 외면하지 않았다
결코 어둠에
균형을 잃지 않았으므로
이윽고 아침이 왔다
아직 세찬 비바람 속을
몇 마리 새가 가지에 앉아 있다
폭우를 나뭇잎 몇 개로 가리는 새는 없다
바람 부는 쪽을 향하여
새는
어느새 태풍이 되어 있었다

다림질을 하다가

다림질을 하다가 또 손을 데었다
늘 세탁소에 맡기지 못하는
내 경제가 서럽고 공연히
아내에게 화를 내고 싶었지만
지켜보는 어머니께 억지로
웃어 보이며 다시 다림질을 하다 보니
그렇구나, 이제껏 다림질을
여자한테 맡긴 것 하나로도 남자들은 죄졌구나
지워진 바지 주름을 다시 잡고
구겨진 목깃을 펴 세우고
이지러진 어깨선과 소매깃을
곱게 펴는 일이 이렇게 살 지지는 뜨거운 것이었구나
세상 모든 다스리는 일이란 구김살 펴는 일
희미해진 선을 바로 잡는 일
평등하게 고르는 그런 것이라면
아내가 다려준 옷을 입고 폼이나 잡는다는 것은
얼마나 부끄런 일인가
또 못난 일인가

아내여, 오늘은
무릎 불거진 그대 바지 주름도
다려주겠다 문득문득
살 지지며 그 뜨거움으로
내 죄까지 곧게 다스려주겠다

전셋집 마당에 상추를 심다

오래오래 살 집 아니라고
화초 한 포기 심지 않고 지내는데
햇살 따사로운 봄 아침
오랜만에 찾아온 칠순의 어머니
어디서 나오는 근력인지
손바닥만 한 전셋집 마당에 삽질을 했다
벽돌조각 돌멩이
비닐조각 찌부러진 깡통
발바닥에 티눈 파내듯 골라내고
보따리에 알뜰히 싸 온
비료까지 뿌렸다
노인네 소일거리겠거니 했더니
아니다 그게 아니었다
며칠 새 돋아난 상추며 아욱이며
푸른 싹들이 송긋쏭긋
마당을 덮는 것이
도통 예사로운 일이 아니다
거친 땅 한 조각 일구어

풋새것들 가꿔내는 일과
우리들 새끼 낳고 기르는 일 사이
어머니 넌지시 감춰놓은
묘한 그 비유법
어느새 아내도 알았는지
푸르게 튕기는 아침 햇살 속
어린 딸아이 함께
전셋집 마당에 물을 뿌리며
이것은 상추 이것은 아욱하고
가르치는 것이
참으로 예사로운 일이 아니다

기저귀를 빨면서

똥기저귀를 빨면서
나는 당당하다
정말 당당하다
아기야, 그렇다고
너에 대한 나의 사랑을
부풀리고 싶은 것은 아니다
남자가 좀스럽다고
누군가 나를 비웃어도
들러붙은 기저귀의 똥을 털면서
나는 당당하다
나는 당당하다고 자꾸
말하고 싶은 것은
가령 지난 어느 날
모임에 나갔을 때
국내 최고급 승용차를 몰고 온
나보다 몇 살 위나 되었을
그 여자 앞에서
턱없이 가라앉던 자존심을 붙잡고

나는 당당하다
나는 당당하다 나 혼자서 자꾸
되뇌었던 것과 같다
아기야, 먼 훗날 네가 크거든
돈도 되지 않는 시를 왜
쓰느냐고 묻지 말아다오
햇살 쏟아지는 전셋집 옥상에서
나는 당당하다 좀스럽게
좀스럽게 사내가
눈부신 기저귀를 널면서
나는 이 빨래를
아내에게도 양보하고 싶지 않다
나의 이 빨래는
당당하다 나의 이 가난한 시 쓰기는
그래서 당당하다

매화가 필 무렵

매화가 핀다

내 첫사랑이 그러했지
온밤 내 누군가
내 몸 가득 바늘을 박아 넣고
문신을 뜨는 듯
꽃문신을 뜨는 듯
아직은
눈바람 속
여린 실핏줄마다
피멍울이 맺히던 것을
하염없는
열꽃만 피던 것을

십수삼 년 곰삭은 그리움 앞세우고
첫사랑이듯
첫사랑이듯 오늘은
매화가 핀다

낙엽

떨어지는 순간은
길어야 십여 초
그다음은 스스로의 일조차 아닌 것을
무엇이 두려워
매달린 채 밤낮 떨었을까

애착을 놓으면서부터 물드는 노을빛
마침내 그 아름다움의 절정에서
죽음에 눈을 맞추는
저
찬란한
투
신

네 푸른 자유를 위하여
―딸에게

시를 쓰다가 버린
흰 종이로
비행기를 접거나 종이배를
접거나 그 위에 꽃을 그리는
내 어린 딸아이야
너는 알고 있었구나
자유로워지고자 시를 쓰지만
훌훌 떠나버리지도
훨훨 날아가지도 못하는
젊은 아비의 부자유를 너는 알고 있었구나
모순의 서러운 서른 나이를
비웃기나 하듯 내 시 위에 낙서를 하는 너는
적어도 아비 같은 어른은 되지 않겠구나
내가 멈추어선 자리에서 날아올라야 할,
내 주저앉은 벼랑 끝에서
저 너른 대양을 향해 배를 띄워야 할 그래,
내 어린 딸아이야
너는 나의 연장(延長)이 아니라

나의 극복이라
내 서른의 나이가 더욱 서럽다만
내 시를 찢어 비행기를 날리고
종이배를 띄워라
종이학을 접어라
네 푸른 자유를 위하여
또 나는
시를 쓰겠다

코스모스 통일론

코스모스 연약한
꽃잎도 모여서 피면 저토록
무섭구나 서부전선
처남 면회 가는 길
경원선 기찻길 옆
콘크리트 방호벽 사이
원형 철조망 사이 위장초소 사이
방호진지 사이사이
무더기무더기 모여 핀 코스모스
대전차 지뢰밭도 삭아서
얽히고설킨 코스모스 뿌리에
남방한계선도 다 삭아서
희고 붉은 꽃으로 피는가
한반도 뒤덮는 꽃세상 꿈에 젖어
벌써 내렸어야 할 연천역도 잊고
어느새 잠들었는지
흔들어 깨우는 역무원에 이끌려
플랫폼을 내려서면

손에 손 그러쥐고 저만치 앞서가서 삼팔선도
북방한계선도 다 지워버리고
원산 앞바다까지 다녀오자고
달려가는 코스모스
무더기무더기 꽃 따라
깨이지 않은 꿈 실려 가고 있다

버마재비 사랑

교미가 끝나자
방금까지 사랑을 나누던
수컷을 아삭아삭 씹어먹는
암버마재비를 본 적이 있다

개개비 둥지에 알을 낳고 사라져 버리는
뻐꾸기의 나라에선 모르리라
섹스를 사랑이라 번역하는 나라에선 모르리라
한 해에도 몇백 명의 아이를
해외에 입양시키는 나라에선 모르리라

자손만대 이어갈 뱃속의
수많은 새끼들을 위하여
남편의 송장까지를 씹어먹어야 하는
아내의 별난 입덧을 위하여
기꺼이 먹혀주는 버마재비의 사랑
그 유물론적 사랑을

제3부

토란잎에 궁그는 물방울 같이는

그걸 내 마음이라 부르면 안 되나
토란잎이 간지럽다고 흔들어대면
궁글궁글 투명한 리듬을 빚어내는 물방울의 그 둥근 표정
토란잎이 잠자면 그 배꼽 위에
하늘 빛깔로 함께 자고선
토란잎이 물방울을 털어내기도 전에
먼저 알고 흔적 없어지는 그 자취를
그 마음을 사랑이라 부르면 안 되나

씨알 속의 우주 한 그루

언젠가 단감을 깎아 먹고
그 씨알 하나를 세로로 쪼개어본 적이 있다

씨알 속에는 길이 1센티도 안 되는
뽀얀 나무 한 그루가 서 있었다
느낌표 같은 나무의 줄기에 두 개의 앙증스런 잎사귀가
화살표의 형상으로 이미 하늘의 방향을 가리키고 있어
화살표 이쪽으론
한 하늘 가득 창창히 뻗어 오를 감나무의 전 생애와
한 그루 감나무가 걸어갈 수억 년이,
화살표의 저쪽으론 또
감나무가 걸어온 수억 년이
그 작은 씨알 속에 압축되어 있었다
그 속에
수억 년 전의 감나무 아래서 감을 따는 나와
또 수억 년 뒤의 감나무 아래서 감을 따는 내가
태반 속의 아이처럼 매달려 있었다

무시무종(無始無終)
우주가 잠시 비밀을 들켜주는 순간

가마솥에 대한 성찰

어디까지가 삶인지
다 여문 참깨도 씹어보면 온통 비린내뿐
이쯤이면 되었다 싶은 순간에도 또 견뎌야 할 날들은 남아

참깨는 기름집 가마솥에 들어가 죽어서 비로소
제 몸을 참깨로 증명하는구나

그렇듯 죽음 너머까지가 참깨의 삶이라면
두려운 것은 죽음이 아니다
살과 피에서 향내가 날 때까지
어떻게 죽음까지를 삶으로 견디랴

세상의 가마솥에서
참
삶까지는 멀다

개똥

 술속이 개똥 같던 아버지 가신 뒤 적막한 그 자리 홀로 지키는 어머니 위하여 개 한 마리 갖다 드렸다 뭘라고 개는 가져왔다드냐 잡아묵도 못할 놈의 것 똥쌌쌓고 냄새나는디 푸념이시다 안다 정드는 게 겁나는 거다 하지만 손자 같은 막내 집에 하루만 떠나와 있어도 개밥 때문에 갈 길 서두르신다 걱정하던 개똥은 곱게 모아 흙조차 두엄조차 비료포대에 담아 푹 삭혀 봄이면 텃밭에 거름으로 낸다 자식들 찾아갈 때마다 비닐 봉다리 봉다리 싸주시는 푸성귀가 정작은 그 개똥으로 빚은 것일지라 상추며 아욱이며 열무 부추…… 그 속에서 말갛게 들려오느니 아, 푸르도록 정정한 목소리 같은 것 술 깬 뒤 다시 청청한 헛기침 소리 같은 것, 그런 날은 개똥 같은 아버지 술속도 그리워 개똥 같았을지라도 개똥밭이었을지라도

새에 대한 반성문

춥고 쓸쓸함이 몽당빗자루 같은 날
운암댐 소로길에 서서
날갯소리 가득히 내리는 청둥오리 떼 본다
혼자 보기는 아슴찬히 미안하여
그리운 그리운 이 그리며 본다
우리가 춥다고 버리고 싶은 세상에
내가 침 뱉고 오줌 내갈긴
그것도 살얼음 깔려드는 수면 위에
머언 먼 순은의 눈나라에서나 배웠음 직한 몸짓이랑
카랑카랑 별빛 속에서 익혔음 직한 목소리들을 풀어놓는
별, 별, 새, 새, 들, 을, 본다
물속에 살며 물에 젖지 않는
얼음과 더불어 살며 얼지 않는 저 어린 날개들이
건너왔을 바다와 눈보라를 생각하며
비상을 위해 뼛속까지 비워둔 고행과
한 점 기름기마저 깃털로 바꾼 새들의 가난을 생각하는데
물가의 진창에도 푹푹 빠지는
아, 나는 얼마나 무거운 것이냐

내 관절통은 또 얼마나 호사스러운 것이냐
그리운 이여,
네 가슴에 못 박혀 삭고 싶은 속된 내 그리움은 또 얼마나
얕은 것이냐
한 무리의 새 떼는 또
초승달에 결승문자 몇 개 그리며 가뭇없는
더 먼 길 떠난다 이 밤사
나는 옷을 더 벗어야겠구나
저 운암의 겨울새들의 행로를 보아버린 죄로
이 밤으로 돌아가
더 추워야겠다 나는
한껏 가난해져야겠다

고전적인 자전거 타기

넘어져 보라 수도 없이
넘어지지 않기 위해서는
무르팍에 생채기를 새기며
제대로 넘어지는 법부터 배워야 하리라
요즘처럼 아주 작은 어린이용 자전거 말고
페달에 발끝이 닿지도 않는
아버지의 삼천리호 자전거를 훔쳐 타고서
오른쪽으로 넘어질 것 같으면 더욱 오른쪽으로 핸들을 기울여보라
왼쪽으로 넘어질 것 같으면 왼쪽으로 핸들을 더욱 기울여보라
그렇다고 어떻게야 되겠느냐
왼쪽 아니면 오른쪽밖에 없는 이 곤두박질 나라에서
수도 없이 넘어져 보라
넘어지는 쪽으로 오히려 핸들을 기울여야 하는 이치를
자전거를 배우다 보면 알게 되리라
넘어짐으로 익힌 균형감각으로
살아가는 이 땅의 아비들을 이해할 날도 있으리라

그러던 어느 날에사
아무렇지도 않은 듯 그 아슬아슬한 균형으로
네가 아비가 되어 있으리라

소리물고기

 내소사 목어 한 마리 나 혼자 뜯어도 석 달 열흘 우리 식구 다 뜯어도 한 달은 뜯겠다 그런데 벌써 누가 내장을 죄다 빼먹었는지 텅 빈 그놈의 뱃속을 스님 한 분 들어가 두들기는데

 소리가 하, 그 소리가 허공중에 헤엄쳐 나가서 한 마리 한 마리 수천 마리 물고기가 되더니 하늘의 새들도 그 물고기 한 마리씩 물고 가고 칠산바다 조기 떼도 한 마리씩 온 산의 나무들도 한 마리씩 구천의 별들도 그 물고기 한 마리씩 물고 가는데

 온 우주를 다 먹이고 목어는 하, 그 목어는 여의주 입에 문 채 아무 일 없다는 듯 능가산 숲을 바람그네 타고 노는데

 숲 저쪽 만삭의 달 하나 뜬다

등신불

중앙성당 앞 길가에
졸고 있다
다 팔아도 2만 원어치가 안 될 푸성귀를
늘어놓은 할머니 한 분

양버즘나무가 제 그림자를 끌어당겨 덮어주려 하지만
8월 오후 세 시의 햇볕이
속살까지 구워내는 등신불상 하나

— 한 찰나라도 먼저 56억 년 저쪽에 이르기 위해
　 자동차들이 질주해 가는 동안

이미 용화세상에 들었을까
가끔 꿈결에 깨어
경전을 넘기듯 무심히 몇 가닥씩 다듬어 놓는
상추경經 우엉경經 열무경經 부추경經 쪽파경經……

이 지옥이 저로 하여 눈부시다

버팀목에 대하여

태풍에 쓰러진 나무를 고쳐 심고
각목으로 버팀목을 세웠습니다
산 나무가 죽은 나무에 기대어 섰습니다

그렇듯 얼마간 죽음에 빚진 채 삶은
싹이 트고 다시
잔뿌리를 내립니다

꽃을 피우고 꽃잎 몇 개
뿌려주기도 하지만
버팀목은 이윽고 삭아 없어지고

큰바람 불어와도 나무는 눕지 않습니다
이제는
사라진 것이 나무를 버티고 있기 때문입니다

내가 허위허위 길 가다가
만져보면 죽은 아버지가 버팀목으로 만져지고

사라진 이웃들도 만져집니다

언젠가 누군가의 버팀목이 되기 위하여
나는 싹틔우고 꽃피우며
살아가는지도 모릅니다

보리를 찾아서

남해금산의 보리암은
바닷새의 둥지처럼
절벽에 매달려 있었네

그 바위 절벽이 아름답다고
바라다뵈는 바다가 그림 같다고 말하지 말라
바랑에 쌀을 짊어지고 아둥바둥 오르는
쭈그렁 보살님네들이 더 아름다운 곳

길 아닌 길만 더듬어
언제든지 뛰어내릴 수 있는 벼랑 끝
혹은, 뛰어들 수 있는 바다
언제나 끝만을 생각하며 걸어온 나그네에게

끝이 시작이라는 것을 알려주는 듯
보리암은 절벽에 있었네
바닷새는 벼랑에 살고 있었네

남해금산은

가만히

세상으로 내려가는 길 하나를 풀어주고 있네

광어에게

네 순한 생살을
생살을 뜯어먹고도 우리는 즐겁다
술을 마시고 나는
애써 말하지 않았지만
오늘 밤 나의 천국은
네가 남기고 간 지옥인 것을
누군가의 무엇인가의 전생을 먹고살아야 하는 비애여
그 죄로 어느 세상에선가
내가 누군가에게 생살을 바쳐야 한다면
나도 내 안에 슬픔이랑
외로움이랑 그런 독을 품지 않아야 할 것을
꿈벅꿈벅 너는 이 독한 즐거움을 다 관찰하고 있구나
너의 살을 먹으며 왜 내가 아프냐
오늘 밤
너와 내가 헤엄쳐갈 저 미망의 바다엔
별마저 뜨지 말아라

스위치백

  기차가 앞만 보며 돌진한다고 말하지 말라 태백산을 넘어가는 기차를 타보았는가 동해 정동진에서 해돋이를 보기 위해 전라선 야간열차를 탔다가 기차가 영동선 흥전역에 들어서 갑자기 뒤쪽을 향해 거꾸로 되달릴 때 황당한 가슴을 어찌하지 못한 적이 있다 그러나, 한없이 물러섰던 기차가 다시 앞으로 치달아 영동선 흥전역과 나한정역 사이 태백 준령을 그렇게 지그재그로 넘는 걸 알고 다시 가슴을 쓸어내린 적이 있다 기차가 태백산을 넘는 방법, 스위치백이라고 하던가 후진의 힘이 기차를 태백 너머로 밀어 올린다 이제 어느 날 갑자기 나의 길이 나를 뒤로 끌고 갈 때 죽을 것처럼은 놀라지 않기로 한다 기차를 타고 태백을 넘어보면 안다 깜깜한 가슴 깊이 처박힌 태양이 후진의 힘으로 산 너머 동해 저 너머에서 솟아오르는 것을,

  어둠 속에 깨어 퍼덕이는 정동진의 바닷새들도 스위치백으로 날아오른다

소리 세례

오늘 낮에
위층 706호 아이들 뛰어도 너무 뛰어
못 참고 올라가 한바탕 해댔다

뺨 맞은 놈 발 뻗고 잠을 자도
뺨 때린 놈 못 잔다는 말이 옳다 잠을 설치다
첫 새벽녘 좌변기에 앉아 힘쓰고 있자니
머리 위에 물이 쏟아진다

위층에서도 누가 잠 못 이루고 있다가
좌변기 물을 내리는구나
얼결에 쏟아지는 오물을 뒤집어쓴다

다행인지 불행인지 오물은 안 쏟아지고
소리만 쏟아지는데
그렇구나
나의 천장은 또 누구의 바닥이었구나

하눌님의 바닥 아래 살며 하늘을 우러르듯
그리하라고, 그것도 몰랐더냐고
고요를 타고 쏟아지는 오물의
아, 이 청량한 소리 세례

대한국인(大韓國人)의 손가락

터널에 진입하니
둥근 불빛 안으로 앞차의 뒤꽁무니에
약지 한 마디가 잘려나간 손바닥 그림과
'**大韓國人**' 네 글자가 안중근체로 비장하게 클로즈업 되어 온다
그렇다 구십 년 전
한 사내가 죽기 위해 손가락을 잘랐다
그의 머릿속엔 해방조국이 떠오르고 태극기가 펄럭였으리라
구십 년 후 오늘 아침엔
실직한 한 사내가 보험금을 타내기 위하여
아들의 손가락을 잘랐다
사내의 머릿속에는 지폐가 펄럭이고
배곯지 않고 활짝 웃는 자식의 모습이 그려졌을까
식민의 하늘은 아직 끝나지 않았는가
옆에 앉은 내 딸아이의 손가락을 만져본다
구국의 결단으로 한 사내가 자른 손가락과
살기 위해 아비가 자른 제 자식의 손가락의 차이를
아무래도 나는 설명할 수 없구나

살기 위해서도
죽기 위해서도 손가락 절단은커녕
손톱 밑에 피 한 방울 흘려보지 않은 나는
차라리 입 다물라

대한국인의 터널이 너무 길다

꽃등심

정육점 진열장 한 켠에
꽃처럼 예쁜 이름표가 붙어 있어

소의 시체의 한 부분일 뿐인
한 덩어리 고기가
꽃으로 불리워질 수 있다니

채식으로 오직
채식으로 맑아진 피와 영혼이
제 갈비뼈 사이에 피운 꽃

기껏해야 짐승의 시체나 먹고 사는
육식의 이 야만의
족속들을 안심시키기 위해

등심초 꽃 이름으로
숯불 위에 몸을 누이는
살꽃의 소신공양

염소와 나와의 촌수

햇살 짱짱한 봄날
팔순 어머니와 나와 내 딸 선혜, 인혜와
산모퉁이 돌아가며 냉이를 캔다
저쪽 언덕엔
겨우내 새끼를 낳았나 보다
삐쩍 마른 어미 염소가 새끼들 데불고 나왔다
염소와 사람 촌수가 이렇게 가깝구나
풀과 나물이 한 끗 차이듯
초식의 유습을 공유한
한 끗 차이도 안 되는 짐승으로
우리는 새순을 뜯으며
함께 햇살을 나누고 있구나
오늘은 전생과 내생도 한 뼘 차이로 가까워서
어머니는 전생의 기억을 더듬으며
손녀들에게 자꾸자꾸 풀 이름을 가르치는데
아무래도 나는
저 염소에게 가서
댁의 성씨가 어떻게 되느냐고 물어봐야 되겠다

폐차와 나팔꽃

폐차는
부활 같은 건 꿈꾸지 않나 보다
쓸 만한 부품은 성한 놈들에게 내어주고
폐차장엔 끝끝내
끌고 온 길들을 놓아주어 버린
분해되는 낡은 차가 그래서 평화스럽다
영생은 믿지 않아
윤회가 시작된 것일까 벌써
나팔꽃 한 가닥이 기어올라 안테나에 꽃을 피웠다
비켜라 경적을 울려대며
회생할 순간은 얼마든지 있다고
달릴 줄만 알았던
한참 광나던 시절엔 어찌 알았으리
필요로 하는 것들에게 하나하나 내어주고
마지막 끝자리마저 나팔꽃에게 내어주고
제 몸이 비어갈수록 채워지는 햇살의 따스함
폐차는 성자처럼
나팔꽃이 시들 때까지만

지상에 남아 있기를 기도할지도 모른다

폐차가 아름다운 어느 아침

겨울밤

감나무 끝에는 감알이 백서른두 개
그 위엔 별이 서 말 닷 되

고것들을 이부자리 속에 담아 와
맑은 잠 속에
내 눈은 저 숲 가에 궁구는 낙엽 하나에까지도 다녀오고

겨울은 고것들의 이야기까지를 다 살아도
밤이 길었다

새 발자국 화석

날개와 깃털을 가지고도
저도 어쩔 수 없이 늪 속에 들었으리
짝을 찾아서나
먹이를 위해서
제 한 생애 부양하기 위해서
진창 속을 헤매었으리
수많은 육식공룡의 발자국 틈
지옥이라 할지라도 잠시 혹은 오래
그 진흙밭에 머물고자 했던 욕망의 무게가 저도 모르게
제 발자국 몇 개 남겨놓고 말았으리
1억 2천만 년 저쪽의 하늘로
새는 날아갔지만
살아 있음의 엄연함은 이렇듯 흔적으로 남는가
꽃잎처럼 생긴 새 발자국 몇 개가
이 진수렁의 늪에
1억 2천만 년 뒤 남겨질지도 모를
내 욕망의 사이즈와 면적을 물어오네

춘향의 노래

지리산은
지리산으로 천 년을 지리산이듯
도련님은 그렇게 하늘 높은 지리산입니다

섬진강은
또 천 년을 가도 섬진강이듯
나는 땅 낮은 섬진강입니다

그러나 또 한껏 이렇지요
지리산이 제 살 속에 낸 길에
섬진강을 안고 흐르듯
나는 도련님 속에 흐르는 강입니다

섬진강이 깊어진 제 가슴에
지리산을 담아 거울처럼 비춰주듯
도련님은 내 안에 서 있는 산입니다

땅이 땅이면서 하늘인 곳

하늘이 하늘이면서 땅인 자리에
엮어가는 꿈
그것이 사랑이라면

땅 낮은 섬진강 도련님과
하늘 높은 지리산 내가 엮는 꿈
너나들이 우리
사랑은 단 하루도 천 년입니다

네 속눈썹 밑 몇천 리

그 빛에 부딪혀
어찌할 바를 모르고 허둥대는 내 마음이
대책 없이 설명할 수도 없이
그 속에 머물러
한 천년만 살고 싶은
혹은
빠져 죽을 수 있을 것 같은 기꺼이
죽어줄 수도 있을 것 같은
네 속눈썹 밑
그 깊은 빛 몇천 리

제4부

꽃 본 죄

난분분 십리 화개
꽃너울 좀 봐
어휴 어휴
열예닐곱 몽정 빛깔로
숨이 차는데
오늘은
섬진강 어느 처녀애랑 눈이 맞아서
때마침 차오르는 산비알 녹차밭에
부여안고 넘어진대도
아무 일 없을 듯
아무 일도 없을 듯
니캉 내캉
꽃 본 죄밖에
꽃 된 죄밖에

아름다운 번뇌

오늘도 그 시간
선원사 지나다 보니
갓 핀 붓꽃처럼 예쁜 여스님 한 분
큰스님한테서 혼났는지
무엇에 몹시 화가 났는지
살풋 찌뿌린 얼굴로
한 손 뻐딱하게 옆구리에 올리고
건성으로 종을 울립니다
세상사에 초연한 듯 눈을 내리감고
지극정성 종을 치는 모습만큼이나
그 모습 아름다워 발걸음 멈춥니다
이 세상 아픔에서 초연하지 말기를,
가지가지 애증에 눈감지 말기를,
그런 성불일랑은 하지 말기를
들고 있는 그 번뇌로
그 번뇌의 지극함으로
저 종소리 닿는 그 어딘가에 꽃이 피기를……

지리산도 미소 하나 그리며
그 종소리에 잠기어가고 있습니다

누 떼가 강을 건너는 법

건기가 닥쳐오자
풀밭을 찾아 수만 마리 누 떼가
강을 건너기 위해 강둑에 모여 섰다

강에는 굶주린 악어 떼가
누들이 물에 뛰어들기를 기다리고 있었다

그때 나는 화면에서 보았다
발굽으로 강둑을 차던 몇 마리 누가
저쪽 강둑이 아닌 악어를 향하여 강물에 몸을 잠그는 것을

악어가 강물을 피로 물들이며
누를 찢어 포식하는 동안
누 떼는 강을 다 건넌다

누군가의 죽음에 빚진 목숨이여, 그래서
누들은 초식의 수도승처럼 누워서 자지 않고
혀로는 거친 풀을 뜯는가

언젠가 다시 강을 건널 때
그중 몇 마리는 저쪽 강둑이 아닌
악어의 아가리 쪽으로 발을 옮길지도 모른다

강은 가뭄으로 깊어진다

가뭄이 계속되고
뛰놀던 물고기와 물새가 떠나버리자
강은
가장 낮은 자세로 엎드려
처음으로 자신의 바닥을 보았다

한때
넘실대던 홍수의 물 높이가 저의 깊이인 줄 알았으나
그 물고기와 물새를 제가 기르는 줄 알았으나
그들의 춤과 노래가 저의 깊이를 지켜왔었구나
강은 자갈밭을 울며 간다

기슭 어딘가에 물새알 하나 남아 있을지
 바위틈 마르지 않은 수초 사이에 치어 몇 마리는 남아 있을지……
 야윈 몸을 뒤틀어 가슴 바닥을 파기 시작했다 강은
 제 깊이가 파고 들어간 바닥의 아래쪽에 있음을 비로소 알았다

가문 강에
물길 하나 바다로 이어지고 있었다

어느 대나무의 고백

늘 푸르다는 것 하나로
내게서 대쪽 같은 선비의 풍모를 읽고 가지만
내 몸 가득 칸칸이 들어찬 어둠 속에
터질 듯한 공허와 회의를 아는가
고백건대
나는 참새 한 마리의 무게로도 휘청댄다
흰 눈 속에서도 하늘 찌르는 기개를 운운하지만
바람이라도 거세게 불라치면
허리뼈가 뻐개지도록 휜다 흔들린다
제때에 이냥 베어져서
난세의 죽창이 되어 피 흘리거나
태평성대 향기로운 대피리가 되는,
정수리 깨치고 서늘하게 울려 퍼지는 장군죽비
하다못해 세상의 종아리를 후려치는 회초리의 꿈마저
꿈마저 꾸지 않는 것은 아니나
흉흉하게 들려오는 세상의 바람 소리에
어둠 속에서 먼저 떨었던 것이다
아아, 고백하건대

그놈의 꿈들 때문에 서글픈 나는
생의 맨 끄트머리에나 있다고 하는 그 꽃을 위하여
시들지도 못하고 휘청, 흔들리며, 떨며 다만,
하늘 우러러 견디고 서 있는 것이다

탱자

가시로 몸을 두른 채
귤이나 오렌지를 꿈꾼 적 없다

자세히 들여다보면
밖을 향해 겨눈 칼만큼이나
늘 칼끝은 또 스스로를 향해 있어서
제 가시에 찔리고 할퀸 상처투성이다

탱자를 익혀온 것은
자해 아니면 고행의 시간이어서
썩어 문드러질 살보다는
사리 같은 씨알뿐

향기는
제 상처로 말 걸어온다

꽃 앞에서 바지춤을 내리고 묻다

급한 김에
화단 한구석에 바지춤을 내린다

힘없이 떨어지는 오줌발 앞에
꽃 한 송이 아름답게 웃고 있다

꽃은 필시 나무의
성기일시 분명한데
꽃도 내 그것을 보고 아름답다 할까

나는 나무의 그것을 꽃이라 부르고
꽃은 나를 좆이라 부른다

물총새의 사냥법

내가 누군가의 마음 한 조각을 훔치기 위해
갖은 계략을 짜고 있을 동안
물총새는 그저 잠시
물의 마음을 들여다보는 것 같았지

내가 한 사람 마음의 황금빛 중심에 다가가기 위해
굴절각을 재고 입구와 출구를 찾고 있을 동안
물총새는 그때 이미
한 알의 총알이 되어 물속으로 내리꽂혔던 거야

내가 누군가의 마음에 머물러 둥지를 틀 것을 꿈꾸며
손익계산으로 날개가 퇴화되어가고 있을 때
물총새는 춤추듯 파닥이는
은빛 물고기 입에 물고 물을 박차며 하늘 높이 날아갔지

물총새 다녀간 자리
물속에도 물낯에도 흠집 하나 남기지 않네
가끔은 사냥이 빗나갈지라도

물총새 무심히
무심히 날아오르는 빈 날갯짓이 더 아름답다네

만복사저포기
―양생의 말

그것이 사랑이라면
어찌
이승의 것만이 사랑이겠느냐

그것이 인연이라면
단 한 번의 저포놀이라 할지라도
숙세(宿世) 내세(來世) 건너가는 다리가 아니겠느냐

옷깃 스친 꽃잎 하나로도
영원이 아니겠느냐
그 단내나는 숨결
한바탕 꽃꿈이라 하지만

그것이 운명이라면
사랑해서는 안 되는 것까지도
사랑하는 나의 길은
이승 저승 영원의 길

혹여 네가 다시 그 길에 피어
옷깃에 스칠 수만 있다면
내가 오늘 지리산에 들어
시방세계 꽃잎을 다 헤겠다

운주사에서 배운 일

1.
저 돌덩이들이 다 부처라면
부처 아닌 것 세상에 어디 있단 말이냐

웬수놈을 모셔다가 법상(法床)에 앉히고
백팔배(百八拜)를 할 일이다

2.
도대체
저 하찮은 돌덩이들이 탑이라 한다면
어느 천년 뒤
나는 무엇의 그리움으로
탑 되어 서 있을 것인가

허물

나무 둥치를 붙잡고 있는 매미의 허물 속
없는 매미가 나무 위에 우는 매미를 증명하듯
저 매미는 또 매미 다음에 올 그 무엇의 거푸집인 것이냐
매미의 저 울울(鬱鬱)한 노래가 또 무엇의 어머니라면
세상의 모든 죽음을 어머니라 불러야 옳다

허공에 젖을 물리는 저 푸른 무덤들

콩나물에 대한 예의

콩나물을 다듬는답시고
아무래도 나는 뿌리를 자르진 못하겠다
무슨 알량한 휴머니즘이냐고
누가 핀잔한대도
콩나물도 근본은 있어야지 않느냐
그 위를 향한 발돋움의 흔적을
아무렇지도 않은 듯 대하지는 못하겠다
아무래도 나는
콩나물 대가리를 자르진 못하겠다
죄 없는 콩알들을 어둠 속에 가두고
물 먹인 죄도 죄려니와
너와 나 감당 못할
결핍과 슬픔과 욕망으로 부푼 머리 쥐어뜯으며
캄캄하게 울어본 날들이 있잖느냐
무슨 넝마 같은 낭만이냐 하겠지만
넝마에게도 예의는 차리겠다
그래, 나는 콩나물에게
해탈을 돕는 마음으로

겨우 콩나물의 모자나 벗겨주는 것이다

석쇠의 비유

꽁치를 굽든 돼지갈비를 굽든 간에
꽁치보다 돼지갈비보다
석쇠가 먼저 달아야 한다
익어야 하는 것은 갈빗살인데 꽁치인데
석쇠는 먼저 달아오른다

너를 사랑하기에 숯불 위에
내가 아프다 너를 죽도록 미워하기에
너를 안고 뒹구는 나는 벌겋게 앓는다
과열된 내 가슴에 너의 살점이 눌어붙어도
끝내 아무와도 아무것과도 하나가 될 수 없다는 것을
나는 이미 고독하게 알고 있다

노릇노릇 구워져 네가 내 곁을 떠날 때
아무렇지도 않게 차갑게 제자리로 돌아와서
너의 흔적조차 남겨서는 아니 되기에
석쇠는 차갑게 식어서도 아프다

더구나
꽁치도 아닌 갈빗살이지도 않은 내 사랑이여 그대여
어쩌겠는가 네가 떠난 뒤에도
나는 석쇠여서 달아올라서
마음은 석쇠여서 달아올라서
내 늑골은 이렇게 앓는다

소금의 노래

바다는 뉘를 그려
제 몸에 사리를 키웠는지
곰소 염전에 쌓인 소금더미 보겠네
그대,
소금의 소리를 들어본 적이 있는가
푹푹 빠지는 갯벌이거나
난바다 바닷물 속
뒹굴고 나자빠지면서 부서지고
아우성치던 흐느낌도 잦아들어
내 것 아닌 것 바람에 돌려주고
햇살에 돌려주고 끝끝내
더 내어줄 수 없을 때까지 내어주고
비로소 부르는 순백의 소금 노래를
그대 듣는가
에라 모르겠다 다 가져가라 내던지고
돌아서는 가슴에서
묵주알 구르는 소리 같은 것
눈물이 사리가 되어 내는

그 고요한 소리의 반짝임 같은 것

산길

산정에서 보면
더 너른 세상이 보일 거라는 말은
수정되어야 한다

산이 보여주는 것은 산
산 너머엔 또 산이 있다는 것이다
절정을 넘어서면
다시 넘어야 할 저 연봉들

함부로 희망을 들먹이지 마라
허덕이며 넘어야 할
산이 있어
살아야 할 까닭이 우리에겐 있다

제5부

목련꽃 브라자

목련꽃 목련꽃
예쁘단대도
시방
우리 선혜 앞가슴에 벙그는
목련송이만 할까
고 가시내
내 볼까 봐 기겁을 해도
빨랫줄에 널린 니 브라자 보면
내 다 알지
목련꽃 두 송이처럼이나
눈부신
하냥 눈부신
저……

5월의 느티나무

어느 비밀한 세상의 소식을 누설하는 중인가
더듬더듬 이 세상 첫 소감을 발음하는
연초록 저 연초록 입술들
아마도 지상의 빛깔은 아니어서
저 빛깔을 사랑이라 부르지 않는다면
초록의 그늘 아래
그 빛깔에 취해선 순한 짐승처럼 설레는 것을
어떻게 다 설명한다냐
바람은 살랑 일어서
햇살에 부신 푸른 발음기호들을
그리움으로 읽지 않는다면
내 아득히 스물로 돌아가
옆에 앉은 여자의 손을 은근히 쥐어보고 싶은
이 푸르른 두근거림을 무엇이라고 한다냐
정녕 이승의 빛깔은 아니게 피어나는
5월의 느티나무 초록에 젖어
어느 먼 시절의 가갸거겨를 다시 배우느니
어느새

중년의 아내도 새로 새로워져서
오늘이 첫날이겠네 첫날밤이겠네

잠자리에 대한 단상

잠자리 두 마리가 엉킨 채로 날고 있다
그러니까 저것들은 시방 흘레붙은 채로 비행을 하는 것이렷다
방중술의 체위로 이름하자면 비행체위쯤 될 터인데
참 둔하다
저리 둔한 순간에는 천적에게 잡히기도 쉬울 터인데
참 아둔하다
가만히 머문 자리에서 사랑을 나누지 않고
그 짓을 하며 날아야 할 만큼 조급한 일이 있었을까
그럴 수도 있겠다
혼자서 날아온 먼 길과 다시 혼자서 가야 할 먼 길 사이
단 한 번뿐인 이 시간
혼자서 날 때와 둘의 날개로 날 때
그 삶과 사랑의 무게 차이를 가늠해 보고 싶었는지도 모른다
네 날개 힘들여 함께 균형 잡아 파닥이며
한 방향과 한 목적지를 향하여 날아가는 그것이,
참 둔하고 아둔한 그것이 삶과 사랑 아니겠느냐고 묻고 싶

었는지도 모른다
 싸움하는 자세와 똑같은 체위로 사랑을 하고
 그 순간에도 서로 다른 세계를 그리는 이 음습하고 낮은 세상에다 대고
 저 한 쌍은
 목숨을 거는 것이 잠자리라고 말하고 싶은지도 모른다

쟁반탑

탑이 춤추듯 걸어가네
5층탑이네
좁은 시장골목을
배달 나가는 김씨 아줌마 머리에 얹혀
쟁반이 탑을 이루었네
아슬아슬 무너질 듯
양은 쟁반 옥개석 아래
사리합 같은 스뎅그릇엔 하얀 밥알이 사리로 담겨서
저 아니 석가탑이겠는가
다보탑이겠는가
한 층씩 헐어서 밥을 먹으면
밥 먹은 시장 사람들 부처만 같아서
싸는 똥도 향그런
탑만 같겠네

생(生)

건전지는 극과 극이 서로 반대 방향으로 물려 있다 애(愛)와 증(憎), 삶과 죽음의 자웅동체이다 어느 것 하나로는 심장은 뛰지 않는다 내 사랑도 죽이고 싶을 만큼의 똑같은 전압이 아니었다면 너와 나와의 온몸에 저릿저릿 피를 흐르게 하지 않았을 것이다

제 몸에 꼭 맞는 관(棺) 속에 누운 건전지가 죽을힘으로 피워내는 아름다운 불꽃

연어의 나이테

잘라놓은 연어의 살 속엔
나이테 무늬가 있다
연하디연한 연어의 살결에
나무처럼 단단한 한 시절이 있었다는 뜻이리라
중력을 거부하고 하늘로 솟구치던 나무를
눈바람이 주저앉히려 할 때마다
제 근육에 새겨넣은 굴렁쇠같이 단단한 것이
나무의 나이테이듯이
한사코 아래로만 흐르려는 물길을 거슬러
폭포수를 뛰어넘는 연어를
사나운 물살이 저 바닥으로 내동댕이칠 때마다
열 번이고 스무 번이고 솟구쳐
여린 살 속에 쓰라린 햇살이 나이테로 쌓였으리라
켜놓은 원목의 나이테가
제가 맞은 눈바람을 순한 향기로 뿜어내놓듯이
그래서
연어의 살결에선 강물냄새가 나는 것이다*
죽은 어미 연어의 나이테를 먹은 새끼 연어가

폭포수를 뛰어넘어 몇만 년을 두고
다시 그 강에 회귀하는 것은 다 그 때문이 아니겠는가

---

*안도현의 『연어』에서.

틈, 사이

잘 빚어진 찻잔을 들여다본다
수없이 실금이 가 있다
마르면서 굳어지면서 스스로 제 살을 조금씩 벌려
그 사이에 뜨거운 불김을 불어넣었으리라
얽히고설킨 그 틈 사이에 바람이 드나들고
비로소 찻잔은 그 숨결로 살아 있어
그 틈, 사이들이 실뿌리처럼 찻잔의 형상을 붙잡고 있는 게다
틈 사이가 고울수록 깨어져도 찻잔은 날을 세우지 않는다
미리 제 몸에 새겨놓은 돌아갈 길,
그 보이지 않는 작은 틈, 사이가
찻물을 새지 않게 한단다
잘 지어진 콘크리트 건물 벽도
양생되면서 제 몸에 수없는 실핏줄을 긋는다
그 미세한 틈, 사이가
차가운 눈바람과 비를 막아준다고 한다
진동과 충격을 견디는 힘이 거기서 나온단다
끊임없이 서로의 중심에 다가서지만

벌어진 틈, 사이 때문에 가슴 태우던 그대와 나
그 틈, 사이까지가 하나였음을 알겠구나
하나 되어 깊어진다는 것은
수많은 실금의 틈, 사이를 허용하는 것인지도 모른다
네 노여움의 불길과 내 슬픔의 눈물이 스며들 수 있게
서로의 속살에 실뿌리 깊숙이 내리는 것인지도 모를 일이다

어느 연민의 시간 2

우리 두 사람이 산책길 호젓한 숲에 들었다가
동시에 요의(尿意)를 느껴설랑은
나는 여기 소나무 둥치에 몸을 가리고
아내는 저만치 수풀 뒤에 숨어 앉아 일을 보았더랬지
흘낏 돌아보니
아, 거기 이제 마악 져가는 보름달 하나
숲 한구석이 아연 화안해졌어
그때 나는 보았지
누가 볼세라 등 뒤 옷자락을 끌어내려
부끄럼을 가리는 아내의 이마 위에서
놀란 청설모 한 마리 숨죽이고 숨어서 보는 것을,
아내도 알았을까
때맞춰 소나무들이 뻣뻣하게 서서는
솨아-솨 제 이마를 바람에 흔들어 식히던 것을,
나만이
옛날처럼 아랫도리에 전해오는 저릿함도
가슴에 솟구치는 설렘도 없어
힘없이 떨어지는 내 오줌발이 괜히 서글퍼져서

애먼 돌멩이 몇 개를 숲 저쪽으로 날렸지
힘이 남아도는갑다고 핀잔은 들었지만
오늘은 오늘만큼은
애 둘 키우고 무너진 아내의 몸매가
달덩이처럼 그렇게 밉지는 않았지

비 혹은 피

저 투명한 화살
내리꽂힌다
확인하지 않으면 한사코 사라져버리는 중심
그 한 지점을 잊지, 잃지 않으려
온몸으로
동심원의 과녁을 그리며
그 한가운데에 저를 세운다
그래서 지금
흐르는 저것은 비의 피
저 준열한 것의 끝은 참 맑다
투명하다

별

등 하나 켜고
그것을 지키기 위한 한 생애가
알탕갈탕 눈물겹다

무엇보다, 그리웁고 아름다운 그 무엇보다
사람의 집에 뜨는 그 별이 가장 고와서
어스름녘 산 아래 돋는 별 보아라

말하자면 하늘의 별은
사람들이 켜 든 지상의 별에 대한
한 응답인 것이다

냉이의 뿌리는 하얗다

깊게깊게 뿌리내려서 겨울난 냉이
그 푸릇한 새싹, 하얗고 긴 뿌리까지를
된장 받쳐 뜨물에 끓여놓으면
객지 나간 겨울 입맛이 돌아오곤 하였지

위로 일곱 먹고 난 빈 젖만 빨고 커서
쟈가 저리 부실하다고 그게 늘 걸린다고
먼 산에 눈도 덜 녹았는데
막내 좋아한다고 댓바람에 끓여온 냉잇국

그 푸른 이파리 사이
가늘고 기다란 흰머리 한 올 눈에 띄어
눈치채실라 얼른 건져 감춰놓는데
그러신다 냉이는 잔뿌리까지 먹는 거여

대충 먹는 냉잇국 하얀 김이 어룽대는데
세상 입맛 살맛 다 달아난 어느 겨울 끝
두고두고 나를 푸르고 아프게 깨울 것이다

차마 먹지 못한 당신의 그 실뿌리 하나

외줄 위에서

허공이다
밤에서 밤으로 이어진 외줄 위에 내가 있다
두 겹 세 겹 탈바가지를 둘러쓰고
새처럼 두 팔을 벌려보지만
함부로 비상을 꿈꾸지 않는다
이 외줄 위에선
비상은 추락과 다르지 않다
휘청이며 짚어가는 세상
늘 균형이 문제였다
사랑하기보다 돌아서기가 더 어려웠다
돌아선다는 것,
내가 네게서, 내가 내게서 돌아설 때
아니다, 돌아선 다음이 더 어려웠다
돌아선 다음은 뒤돌아보지 말기 그리움이 늘 나를 실족케 했거늘
  그렇다고 너무 멀리 보아서도 안 되리라
  줄 밖은 허공이니 의지할 것도 줄밖엔 없다
  외줄 위에선 희망도 때론 독이 된다

오늘도 나는
아슬한 대목마다 노랫가락을 뽑으며
부채를 펼쳐 들지만 그것은 위장을 위한 소품이다
추락할 듯한 몸짓도 보이기에는 춤이어야 하기 때문이다
이 외길에서는
무엇보다 해찰이 가장 무서워서
나는 나의 객관 혹은 관객이어야 한다

나무의 전모

늘 다니던 산길에 아름드리나무 한 그루
지난해 태풍 루사에 쓰러져 있다
그 얽히고설킨 뿌리를 하늘로 쳐든 채
하늘 치솟던 높이도
그 끝 모를 깊이도 허망하게 무너졌다
한때는 가지 가득 꽃을 피워
꽃등을 켜놓은 것처럼 언덕이 화안했었는데,
바람이 잎을 되작되작 뒤집으면
햇살이 한 잎 한 잎
그 푸르른 영화를 연주하곤 했었는데
한바탕 광풍에 널브러진 거목이
하, 천연덕스럽게 평화로워
다가가 나무 둥치를 발로 차니
썩기 시작한 나무껍질 아래서
와르르 쏟아지는 검고 하얀, 아뿔싸!
……개미 개미들……
어느새 제 몸을 저 아닌 것들에게 내주었구나
그랬었구나

늘 위를 향한 턱없는 선망과
깊이에의 끝 모를 열망만이 아니었구나
그보다는
수평을 향한 저 쓰러짐의,
저 내어줌의 자세까지가 나무였구나
내가 한 그루 나무라는 사실을
잊을 뻔할 즈음

배롱꽃 지는 뜻은

큰 등 같은 연못가 배롱나무가
명부전 쪽으로도 한 가지 뻗어
저승 쪽 하늘까지 다 밝히고 나서
연못 속
잉어의 뱃속까지를 염려하여
한 잎 한 잎
물 위에 뛰어드는데
그 아래 수련이 그 비밀을 다 알고는
떨어지는 배롱꽃 몇 낱을
가만 떠받쳐주네

넥타이를 매면서

 넥타이를 목에 걸고 거울을 본다 살기 위해서는 기꺼이 끌려가겠다는 의지로 내가 나를 묶는다 한 그릇 밥을 위해 기꺼이 목을 꺾겠다는, 또한 누군가를 꼬여 넘기겠다는 의지 그래서 무엇을 그럴싸히 변명하겠다는 듯 넥타이는 달변의 긴 혓바닥을 닮았다 그것이 현란할수록 끌려가면서도 품위는 유지하겠다는 위장술, 혹은 저 밀림 속으로 누군가의 먹을 끌고 갔었던 따라서 진즉 교수대에 올랐어야 할 자가 제 목을 감추는 보호색일지도 모른다 잘 보라 또한 넥타이는 올가미를 닮았다 그것이 양말이 아니라서 목에 두르는 것은 아니리라 마지막이듯 넥타이를 조이며 묻는다 죽을 각오는 되어 있는가

각시붓꽃을 위한 연가

각시가 따라나설까 봐
오늘 산행길은 험할 텐데…… 둘러대고는
서둘러 김밥 사 들고 봄 산길을 나섰습니다
허리 낭창한 젊은 여자와 이 산길 걸어도 좋겠다 생각하며
그리 가파르지도 않은 산길 오르는데
아무도 눈길 주지 않는 산비알에
저기 저기 각시붓꽃이 피어 있습니다
키가 작아서 허리가 어디 붙었나 가늠도 되지 않고
화장술도 서툴러서 촌스러운 때깔이며
장벽수정을 한대나 어쩐대나 암술 수술이 꽁꽁 감추어져
요염한 자태라곤 씻고 봐야 어디에도 없어서
벌 나비 하나 찾아주지 않는 꽃
세상에나, 우리 각시 여기까지 따라나섰습니다
세상에 내가 최고로 잘난 줄 아는 모양입니다
이 산길까지 남정네 감시하러
앵돌아진 입술 쭈뼛거리며 마른 풀섶에 숨어 있습니다
각시붓꽃 앞에 서니 내 속생각 들킬까 봐
아무도 없는 숲길에마저 괜스레 조신합니다

두렵게도 이쁜 꽃입니다
새삼 내가 스무 살처럼 깨끗합니다

잔디에게 덜 미안한 날

천변 잔디밭을 밟고
사람들이 걷기 운동을 하자
잔디밭에 외줄기 길이 생겼다
어찌나 잔디가 밟혀 죽을 텐데
내 걱정 아랑곳없이
가르마길이 나고 그 자리만 잔디가 모두 죽었다
오늘 새벽에도 사람들이 그 길을 걷는데
멀리서도 보였다
죽은 잔디 싹들이 사람의 몸속에 푸른 길을 내고 살아 있는 것이
푸른 잔디의 것이 아니라면
저 사람들의 말소리가 저렇게 청량하랴
걷는 사람들의 웃음소리 얘기 소리에서
싱싱한 풀꽃 냄새가 난다
그제서야 나는 잔디가 죽은 것이 아니라
사람들에게 길을 내어주고 비켜서 있거나
아예 사람 속에서 꽃피고 있음을 안다
그렇듯 언젠가는 사람들도

잔디에게 자리를 내어준다는 것도 알겠다
죽음이 푸른 풀잎처럼 반짝이는 순간도 이렇게는 있다

목련에게 미안하다

황사먼지 뒤집어쓰고
목련이 핀다

안질이 두렵지 않은지
기관지염이 두렵지도 않은지
목련이 피어서 봄이 왔다

어디엔가 늘 대신 매 맞아 아픈 이가 있다
목련에게 미안하다

별 가족

늦은 밤
정령치 밤하늘에 서면
별들이 바로 머리 위까지 내려와
도랑물 소리를 내며 흘렀다
내가 조금만 키가 더 컸거나
까치발을 디뎠다면 또는
선혜를 목마 태우고
그 별들을 땄더라면 충분히
한 시간에 닷 말은 땄을 것이다
그러나
별빛이 하도 시리기도 하고
부시기도 하여 게다가
아침이 오기 전에
제자리에 갖다가 붙여놓을 일이 까마득하여
아내와 두 딸과 나와는
별의 흉내를 내어
어둠 속에서 다만
서로에게 반짝여 보이기만 하는 것이었다

청빈

떨어지던 꽃잎이 하나
거미줄에 걸리어 있다

꽃잎은 꽃의 기억으로 파닥거린다

거미는 쪼르르 달려왔으나
꽃은 차마 먹지 않는다

꽃잎을 창에 걸어놓은 거미의 집에
큰곰 작은곰 별이 숭숭 드나들고

오늘 밤 꽃잎을 이불로 덮고
꾸는 거미의 꿈은 배가 고파서 향기로울 것이다

해설

당신의 슬픔 속에 핀 대나무의 수줍은 목소리

이강엽(대구교대 교수)

1.

시집을 고를 때면 으레 오랜 습관이 발동한다. 먼저 시집의 맨 앞에 실린 시를 보고, 다음으로 시집 제목으로 삼은 시를 본다. 물론 시 제목을 시집 제목으로 빼지 않은 경우도 적잖아 뒤의 기준이 꼭 통용되기는 어렵지만 그럴 때는 제목으로 뽑은 시 구절을 보면 얼추 맞아떨어진다. 꼭 시집만 그럴 것이 아니어서, 소설이나 영화도 도입부의 흡인력과 타이틀 롤을 맡은 주인공의 매력도가 작품 전체를 좌우한다.

복효근의 이 시선집은 「당신이 슬플 때 나는 사랑한다」를 맨 앞에 싣고, 「어느 대나무의 고백」을 시집 제목으로 삼았다. 시선집인 까닭에 좋은 시만을 가려 뽑았을 테지만, 그 가운데 또 가려낸 게 그 두 편이니 가히 득의작이겠다. 그런데 흥미롭게도 두 편 모두에 뜻밖의 반전이 펼쳐진다. 「당신이 슬플 때 나는 사랑한다」는 "내가 꽃피는 일이/당신을 사랑해서가 아니라면/꽃은 피어 무엇하리"로 황홀한 연가처럼 시작해서는 "당신이 슬플 때 나는 사랑한다"는 아픈 읊조림으로 끝을 맺는다. 「어느 대나무의 고백」은 남들은 제게서 "늘 푸르다는 것 하나로/내게서 대쪽 같은 선비의 풍모를 읽고 가지만" 정작 자신은 "시들지도 못하고 휘청, 흔들리며, 떨며 다만,/하늘 우러러 견디고 서 있는 것이다"라고 힘겹게 실토한다.

오래전, 산사에서 칩거하시던 고승께서 "산은 산이고 물은 물이다."라는 법어를 내놓았을 때 그 풀이를 두고 세간이 떠들썩했다. "A는 A이다"라는 동일률을 벗어나서는 사유의 걸음을 한 발짝도 뗄 수 없을 텐데 그 당연한 말에 무슨 뜻이 있는지 의아했기 때문이다. 그러나 산이 산이 아니고 물이 물이 아니며, 또 산이 물이기도 하고 물이 산이기도 하며, 종국에는 산이 없다면 물이 없고 물이 없다면 산도 없는 걸 모른다면, 그 법어는 한갓 동어반복의 흰소리에 그치게 된다. 그 이면의 미세한 이치를 더듬어 "산은 산이고 물은 물이다"를 말할 때, 비록 소리의 크기가 엇비슷해 보일지라도 울림의 깊이는 천양지차이다.

시인의 읊조림 또한 그럴 것이다. 낮은 목청으로 담담하게 읊었을 뿐인데 큰 울림으로 되돌아올 때, 거기에서 우리는 산과 물이 뒤바뀌다 마침내 하나가 되는 비의를 엿보고, 뒤엉켜 일물(一物)이 된 산과 물이 산 절로 물 절로 돌아가는 비결에 이르게 된다. 이 점에서 복효근 시인의 시를 읽어내는 독법은 뜻밖에도 소박한 데 있다. 왜 사랑의 기쁨이 아닌 슬픔에 기꺼이 몸을 던지고 왜 남들이 읽어내는 자신의 자랑스러운 모습을 부인하는지, 아니 어떻게 슬픔 속에서 사랑을 피워가며 어떻게 자신의 부끄러운 속내를 수줍게 실토하는지, 그것이 바로 복효근표 시이고 또 복효근식 삶일 테니 말이다.

2.

꽃이라면
안개꽃이고 싶다

장미의 한복판에
부서지는 햇빛이기보다는
그 아름다움을 거드는
안개이고 싶다

나로 하여
네가 아름다울 수 있다면

네 몸의 축복 뒤에서
나는 안개처럼 스러지는
다만 너의 배경이어도 좋다

마침내는 너로 하여
나조차 향기로울 수 있다면
어쩌다 한 끈으로 묶여
시드는 목숨을 그렇게
너에게 조금은 빚지고 싶다

—「안개꽃」 전문

  시인은 장미가 되는 것도, 장미를 장미로 보이게 하는 햇빛이 되는 것도 마다하고, 안개꽃이 되어 그저 장미의 아름다움을 잠깐 거들고자 한다. 그런데 붉은 장미가 정열적인 사랑을 뜻한다면, 흰 안개꽃은 죽음을 뜻한다. 서양에서의 흰색은 종종 그렇게 모든 것을 깡그리 없애버리는 상징이 되기도 한다. 시인이 목도하는 바 역시 그렇다. 죽을 때까지 지켜내고 싶은 사랑, 죽음까지 불사하는 그런 사랑인 것이다. 그러나 이 시를 시로 만드는 지점은 지금 여기에서 나와 함께하는 사랑을 사수하겠다는 의지가 아니라, 목숨을 건다 한들 함께할 수 없는 절박한 사정에 있다. 맨 마지막 연에 보이는 "어쩌다 한 끈으로 묶여/시드는 목숨을 그렇게/너에게 조금은 빚지고 싶다"가 빛을 발하면서 그간 쌓아 올린 응집력이 폭발한다.

  안개꽃의 운명은 가혹하다. 잔잔하고 은근하게 피어 만발의 축포를 느껴볼 새도 없이 또 이내 말라간다. 그러나 고작 장미를 에워싸기 위해 베어지고 말라가는 그 슬픈 운명을 시인은 빚을 지는 것으로 표현했다. 네가 빛나도록 네게 호의를 베풀었으니 네가 내게 빚을 진 것이라고 살짝 으스대는 대신 되레 너와 한 끈으로 묶인 덕에 네 향기를 잠깐 품어볼 수 있으니 고마운 것이라며 움찔대는 것이다. 한술 더 떠 "빚을 졌다"가 아니라 "빚을 지고 싶다"로 갈음함으로써 비로소 시의 숨통을 탁 틔운다. 빚 지는 것마저 마음대로 안 되는 사정을 담아, 살아서는 닿을 수 없는 고원한 한 세상을 아물대게 하기 때문이다.

  복효근의 사랑법은 그렇다. 상대를 위해 다 내어주고도 생색은커녕 빚을 졌다 머리를 숙이는 안쓰러움의 연속인데 이유는 간단하다. 「당신이 슬플 때 나는 사랑한다」에서 보듯이 사랑의 대상이 여간해서는 제 차지가 되지 못하기 때문이다. 여기 누군가 기쁨에 겨워 신나게 있다 상상해 보자. 기쁨을 함께 하고자 하는 이들이 널렸을 것이고, 잘나가는 덕 좀 보자고 덤벼드는 객들은 또 얼마나 많을 것인가. 그럴 때 손을 내밀어 함께 춤을 출 주변이 못 된다면, 상대가 실의에 빠져 깊은 슬픔에 잠겨 있을 때에야 겨우 내가 들어설 자리가 생긴다. 당신이 힘들 때, 당신이 슬플 때 그때라야 내가 온전히 당신을 사랑할 수 있다는 뜻이다.

그러나 그런 사랑이라고 쉬운 것이 아니다. 힘들거나 슬플 때는 누구나 그렇듯이 남들 모르는 곳에 가 숨어 지내는 게 예사이기 때문이다. "당신이 슬플 때 나는 사랑한다"는 용담꽃의 꽃말인데, 용담꽃이 피는 자리가 꼭 그렇다. 산속 깊이 한적한 곳, 도저히 꽃이 피어 있을 것 같지 않은 곳에 다소곳이 얼굴을 보인다. 그뿐인가. 꽃 이름 '용담'부터가 웅담보다 더 쓰다고 해서 '용의 쓸개'라는 뜻으로 붙여진 이름이고 보면, 그 삶은 또 얼마나 신산한가. 이렇게 보면 시인이 말하는 사랑은 별게 아니다. "혹여 네가 다시 그 길에 피어/옷깃에 스칠 수만 있다면"(「만복사저포기」) 하는 간절함이나, "앵돌아진 입술 쭈뼛거리며 마른 풀섶에 숨어"(「각시붓꽃을 위한 연가」) 있는 각시붓꽃을 "두렵게도 이쁜 꽃"으로 보아낼 줄 아는 마음과, 그 남다른 애절함과 신산함을 지닌 이를 특별히 찾아내 보듬는 시인의 촉수와 손길 바로 그것이다.

그의 시 도처에서 발견되는 '미안함'이나 '반성'은 그 사랑이 자연스레 삐져나온 징표이다. 거리에서 황사먼지 뒤집어쓰고 있는 목련을 보며 "어디엔가 늘 대신 매 맞아 아픈 이"(「목련에게 미안하다」)에게 미안해하며, 사람들이 밟고 다녀 잔디밭 사이로 난 길을 보며 「잔디에게 미안한 날」이라는 시를 던지고, 광어회를 먹으면서는 "오늘 밤 나의 천국은/네가 남기고 간 지옥인 것을"(「광어에게」) 되새기고, "한 점 기름기마저 깃털로 바꾼 새들의 가난을 생각"하면서 "내 관절통은 또 얼마나 호사

스러운 것이냐"(「새에 대한 반성문」)며 반성한다. 물론 황사에 아랑곳하지 않고 흰빛으로 피어난 목련이나, 푸른 잔디밭 사이로 시원하게 뚫린 길, 생선회에 술잔을 기울이는 밤, 찬 밤하늘을 가르며 먼 길 떠나는 철새 떼의 이동이란 아름다운 것이 분명하다. 그러나 그 이면의 아픔과 슬픔을 헤아리며 미안해하고 주저할 때, 평화와 공생의 길이 열린다.

먹지 못하면 죽는 게 생명체의 운명이고 보면, 살아간다는 것은 결국 다른 생명체를 먹는 행위에 다름 아니다. 그것은 내가 오늘 식사로 먹은 어떤 생명체도 죽기 직전까지 취해온 생명 유지 비결이기도 하다. 그러나 어느 한쪽이 다른 한쪽을 취해야만 유지되는 이 생명 시스템을 방패 삼아 사냥꾼은 승전가만 구가하고 사냥감은 희생의 울분만 토해댄다면 온 세상이 지옥이 될 게 분명할 터, 복효근식 위무는 그 둘이 함께 살아나갈 여지를 마련해준다. 오늘 밤 나의 천국을 즐긴다만 그것이 네가 맛본 지옥 덕임을 잊지 않겠다 생각하고, 그래서 결국 너의 희생이 값지게 되도록 허투루 살지 않겠다는 다짐으로 공생의 길을 여는 것이다.

3.

평화나 공생이 말처럼 쉬운 것이 아니다. 문학적 수사를 넘어 국가 간의 조약이 체결된다 해도 개인과 개인 사이의 적의

와 불화가 쉬 가라앉지 않기 때문이다. 그보다 훨씬 더 어려운 것은 바로 자기 안에서의 평화와 공생이다. 내가 생각하는 나와 남이 생각하는 내가 다르고, 전에 생각했던 나와 지금의 내가 다르며, 심지어는 시인인 나와 남편인 내가 다르다. 복효근은 바로 그 건건이 다른 자신의 모습을 적나라하게 드러내는 데 남다른 재주를 보인다.

> 늘 푸르다는 것 하나로
> 내게서 대쪽 같은 선비의 풍모를 읽고 가지만
> 내 몸 가득 칸칸이 들어찬 어둠 속에
> 터질 듯한 공허와 회의를 아는가
> 고백건대
> 나는 참새 한 마리의 무게로도 휘청댄다
> 흰 눈 속에서도 하늘 찌르는 기개를 운운하지만
> 바람이라도 거세게 불라치면
> 허리뼈가 뼈개지도록 휜다 흔들린다
> 제때에 이냥 베어져서
> 난세의 죽창이 되어 피 흘리거나
> 태평성대 향기로운 대피리가 되는,
> 정수리 깨치고 서늘하게 울려 퍼지는 장군죽비
> 하다못해 세상의 종아리를 후려치는 회초리의 꿈마저
> 꿈마저 꾸지 않는 것은 아니나

> 흉흉하게 들려오는 세상의 바람 소리에
> 어둠 속에서 먼저 떨었던 것이다
> 아, 고백하건대
> 그놈의 꿈들 때문에 서글픈 나는
> 생의 맨 끄트머리에나 있다고 하는 그 꽃을 위하여
> 시들지도 못하고 휘청, 흔들리며, 떨며 다만,
> 하늘 우러러 견디고 서 있는 것이다
> ―「어느 대나무의 고백」 전문

대나무를 사군자로 여기며 지내온 문화에서 대나무의 또 다른 부면이 통쾌하게 드러난다. 사철 푸르고 곧은 것으로 절개의 상징으로만 여겼지만 그 속내는 다르다는 것이다. 복효근의 대나무에는 잠시 휠망정 부러지지는 않는다는 강인함 대신 참새 한 마리에도 휘청대는 연약함이 자리한다. 이 시가 충격을 주는 것은 일차적으로는 사군자의 절조를 뒤틀어 보이는 통쾌함이겠지만 그것만으로는 자칫 오독에 빠지기 십상이다. 사실 고전시가의 숱한 작품에서 사군자를 찬미하고 소나무와 대나무의 굳셈을 칭송하며 그 정신을 배워야 한다고 다짐하였고, 현대시 가운데는 "소나무야 소나무야//언제나 푸른 네 빛//나, 기죽는다//우리 같이 낙엽 지자"(박희준,「부끄러운 시」전문)라고 익살스럽게 읊은 경우도 있다. 문제는 그 양극단에서 취할 게 별로 없다는 점이다. 세속의 사람이 사철 변

하지 않을 수도 없고, 늘 변하는 게 인지상정이니 그냥 놓아두 라 팽개치기도 난감하기 때문이다.

  이 딜레마 속에 복효근이 타협한 절충점은, 그럼에도 불구하고 "견디고 서 있는" 것이다. "아아, 고백하건대/그놈의 꿈들 때문에 서글픈 나는/생의 맨 끄트머리에나 있다고 하는 그 꽃을 위하여/시들지도 못하고 휘청, 흔들리며, 떨며 다만,/하늘 우러러 견디고 서 있는 것이다"라고 시를 마감하고 있다. 대나무로 났으니 대나무의 한 가지 사소한 소용이나마 되어볼 수 있다는 그 소박한 꿈 하나를 붙잡고, 언젠가는 이루어질지도 모를 그 간절한 소망 하나를 부여잡고 일단은 견디고 선다. 그것도 "하늘 우러러" 겸손하게.

  이런 자세는 시집 도처에 드러나는 시인 특유의 타개책이다. 나아가 통쾌히 깨부수거나 물러서 회한의 눈물을 뿌리는 게 아니라, 바로 그 자리에서 온몸으로 받아내는 일이 바로 제 소임이라 되뇐다. 까도 까도 끝이 없는 양파 앞에서 "해탈해 버려 어느 날 이윽고/껍질뿐일지라도/최루성 빛나는 희망으로/양파를 깐다"(「양파 까기」)거나, 대중탕에서는 발목에 찬 번호표를 수인번호로 여겨 "입은 만큼 껍질로 쌓이는 시간"을 견디며 "벗어야 할 껍질로 서 있다"(「수인번호를 발목에 차고」). 또, 바람에 흔들리는 깃발 앞에 서서는 흔들리지 않겠다 다짐하거나 줏대 없는 흔들림에 마음 쓰지 않고 "누군가의 깃대 위에/그 흔들림의 마지막까지/온몸으로 살아 있고 싶다"(「흔들림에 대하여 1」)고 한다.

  이렇듯 얼핏 보면 열패감 가득한 시인의 자세가 더 큰 울림을 만들어내는 까닭은, 기실 이것들이 우리네 장삼이사들의 평균값이기 때문이겠다. "하늘을 우러러 한 점 부끄럼이 없기를" 같은 군자풍의 자세나, 그런 일은 현자들에게 맡기고 "다만지 손이 성하니 잔(盞) 잡기만 하노라"는 속인류의 자세는 매우 분명한 노선이어서 누구나 마음이 쏠리기 쉽다. 하지만, 범인들의 현실에서는 딱 거기까지만이다. 마음이 간다고 다 몸이 움직여지는 게 아니며, 몸을 움직인다고 다 목표지점에 이를 수 없는 노릇이다. 우리가 비록 성인군자가 될 수는 없지만 그렇다고 시정잡배로 뻔뻔하게 지낼 배짱도 못 되는 터라면, 복효근이 시로 다독여주는 손길은 특별하다. "그래, 그만하면 됐다"고, "당신은 참 잘 살아가고 있다"고.

4.

  복효근 시의 또 다른 한 가닥은 선시(禪詩)풍이다. 절에 들러 "웬수놈을 모셔다가 법상(法床)에 앉히고/백팔배(百八拜)를 할 일이다"(「운주사에서 배운 일」)나, 절간에 매달린 목어를 보며 "온 우주를 다 먹이"(「소리물고기」)는 게 목어라는 식의 한 깨침을 담아낸 시도 있을뿐더러 일상에서의 참선인 일상선(日常禪)에 닿은 시들이 적지 않다. 가령 「나무의 전모」는 그 시발이 아주 단순하지만 그 종착은 만만치 않은 데 닿고 있다. "늘 다니던 산길에 아름드리나무 한 그루/지난해 태풍 루사에 쓰러져 있다"로 시작하는데, 뜻밖에 그 나무껍질 아래서 바글대는 개미들을 발견하는 것이다. "어느새 제 몸을 저 아닌 것들에게 내주었구나"의 경탄은, 기실은 나무가 하늘로 뻗어대는 속성에만 매몰되어 있던 관습에 날리는 일격이다. 위는 높고 아래는 낮고, 하늘은 동경과 선망의 대상이며 땅밑은 기피와 혐오의 대상이라는 선입견을 여지없이 깨어버린다. 나무 둥치 아래에서 나온 숱한 개미들, 숱한 생명들이, 결국 그 모든 생명은 저 깊은 뿌리 속에 있다는 생각, 그래서 머리 위에 수관(樹冠)을 이고 하늘과 겨루며 왕처럼 거드름을 피우기만 하는 게 아니라 "수평을 향한 저 쓰러짐의,/저 내어줌의 자세까지가 나무였구나"를 깨치는 순간, 세상이 평온해진다. 마침내 그걸 보는 자신마저 "내가 한 그루 나무라는 사실"을 되새김으로써 잠깐의 입정(入定)을 경험한다. 이처럼 여느 사람에게라면 특별할 깨침의 순간이 복효근의 시에서는 도리어 심상하게 일어나는 것을 볼 수 있다.

    탑이 춤추듯 걸어가네
    5층탑이네
    좁은 시장골목을
    배달 나가는 김씨 아줌마 머리에 얹혀

쟁반이 탑을 이루었네

아슬아슬 무너질 듯

양은 쟁반 옥개석 아래

사리합 같은 스뎅그릇엔 하얀 밥알이 사리로 담겨서

저 아니 석가탑이겠는가

다보탑이겠는가

한 층씩 헐어서 밥을 먹으면

밥 먹은 시장 사람들 부처만 같아서

싸는 똥도 향그런

탑만 같겠네

—「쟁반탑」 전문

  절에서의 탑이란 그저 높이 쌓아 올린 멋스러운 건축물이 아니다. 부처의 진신사리를 모셔둔 성소(聖所)인 것이며, 그럴 처지가 못 되어 사리 한 과 모셔두지 못한 탑이라 하더라도 그 정신만큼은 다르지 않다. 그런데 이 시에서는 시장통 밥집 아주머니가 배달 나가며 층층이 쌓아 올린 쟁반을 사리탑(舍利塔)과 등가로 두고 있다. 분명 지척에 있을 밥집을 두고도 밥 때마저 가게를 비우고 편히 먹을 수 없는 시장 사람들을 부처와 동등하게 여긴다. 따지고 보면 밥알 하나에 사리 하나가 대응되고, 밥에서 똥으로 똥에서 다시 밥으로 이어지는 성스러운 순환이 부처의 참뜻일 거라 일러주는 것이다.

선(禪)은 그렇게 엉뚱한 것들을 한데 비끄러매주고, 그 점에서 시의 본령과 많이 닮아 있다. 모름지기 잘된 시라면 응당 하나가 될 수 없어 보이는 것들을 합일시킴으로써 총체적인 세상에 닿으려 하기 때문이다. 그래서 "세상의 모든 죽음을 어머니라 불러야 옳다"(「허물」)거나, "나는 나무의 그것을 꽃이라 부르고/꽃은 나를 좆이라 부른다"(「꽃 앞에서 바지춤을 내리고 묻다」)고 신소리를 해보기도 하고, 새끼를 몰고 나선 염소와 손주들을 데리고 나선 노모를 병치하여 「염소와 나와의 촌수」를 따져보기도 하며, 어머니가 끓여주신 냉잇국에 들어간 흰 머리칼은 "차마 먹지 못한 당신의 그 실뿌리 하나"(「냉이의 뿌리는 하얗다」)가 된다. 모든 생명의 기원인 어머니가 죽음에 닿고, 꽃이 인간의 성기와 등가로 서고, 어미 염소가 노모가 되며, 나물의 잔뿌리가 어머니의 센 머리칼이 되는 가운데, 순환과 변전 끝의 '한통속 세상'을 새로이 경험하게 해준다.

그러나 그보다 더한 세계는 좀체 유추하기 어려운 일순(一瞬)의 통합을 일궈내는 것으로, 진짜 참선에 육박하도록 사물에 집중하는 경우이다. 시인은 소금을 보면서 "바다는 뉘를 그려/제 몸에 사리를 키웠는지"(「소금의 노래」) 같은 뜬금포를 날리고는 "비로소 부르는 순백의 소금 노래"를 지나 "눈물이 사리가 되어 내는/그 고요한 소리의 반짝임 같은 것"으로 유유히 빠져나간다. 소금과 사리, 노래, 눈물은 도무지 공통점을 찾을 수가 없다. 그저 누군가 즉각적으로 붙여놓은 짝들에 불

과하지만, 그로 인해 있는 의미의 확인이나 발견에 그치지 않고 없었던 의미를 창출함으로써 발견을 넘어 발명에 이른다.

이 발명의 요체는 일단 우리가 인지하고 있던 일체의 관념을 내려놓는 데서 시작될 수 있는데, 명상(冥想)을 할 때 눈을 감는 이유가 대체로 그렇다. 시각 정보에 마음이 쏠리면 자신이 알고 있던 방식으로만 마음이 가기 쉽기 때문이다. 복효근이 이렇게 눈을 지그시 감은 채 한 사물에 집중하여 쏟아내는 시편들은 '사물 명상'이라 할 만한 것으로, 때로는 너무도 소박해서 동시 같은 천진함을 보이기도 하고 때로는 여간해서는 도달하기 어려운 사유의 깊이를 보이기도 한다. 건전지를 보며 음극과 양극이 한데 있는 것을 애(愛)/증(憎), 생(生)/사(死)의 자웅동체로 파악하며 "제 몸에 꼭 맞는 관(棺) 속에 누운 건전지가 죽을힘으로 피워내는 아름다운 불꽃"(「생(生)」)으로 삶을 표현한다거나, 감의 씨를 쪼개어 그 안에 담긴 감나무의 역사와 "무시무종(無始無終)/우주가 잠시 비밀을 들켜주는 순간"(「씨알 속의 우주 한 그루」)을 엿보기도 하며, 낙엽 앞에서는 "죽음에 눈을 맞추는/저/찬란한/투/신"(「낙엽」)처럼 애착을 놓고 찬연히 떨어지는 순간을 그려낸다.

나아가 연못가 배롱나무 한 그루에서 "명부전 쪽으로도 한 가지 뻗어/저승 쪽 하늘까지 다 밝히고 나서/연못 속/잉어의 뱃속까지를 염려하여/한 잎 한 잎/물 위에 뛰어드는데"(「배롱꽃 지는 뜻은」)처럼 두 세상이 아니라 세 세상이 한곳에 모이게 된다. 배롱나무 심어진 연못가의 땅을 중심으로 하나는 그 위의 하늘로 가지 뻗고, 하나는 그 아래의 물밑으로 꽃잎을 떨구는 것이다. 게다가 시인은 하늘을 명부전에 연결 지어 저승으로 엮어내고 있으니, 하늘과 땅과 땅밑의 삼계(三界)와, 저승과 이승의 이계(二界)가 배롱나무를 우주목 삼아 세상을 하나로 아우르는 셈이다.

5.

복효근 시를 따라 어설피 더듬어 보았지만 여전히 모를 속이 남아 있다. 다른 시인에 비해 유난히 잦은 반성과 자책 같은 것들이 그렇다. 물론 시인의 심도 있는 내성(內省)은 권장할 일이지 나무랄 일은 아니나, 습관적으로 제 잘못으로 몰아가다 보면 시적 긴장과 탄력성을 잃기 쉽다. 그런 점에서 「개똥」 같은 시가 귀하게 다가온다. "술속이 개똥 같던 아버지"를 시작으로, 홀로 되신 어머니께 선물한 개로, 그 개가 싼 똥이 텃밭 거름으로, 그 거름이 자식들에게 돌아가는 푸성귀로 막힘없이 매끈하게 이어지는 솜씨가 일품이다. 자책도 원망도 없이 제자리를 찾아가는 귀한 풍경이 모두를 푸근하게 한다. 이러한 평온함은 특히 자연을 다룬 시편들에서 활짝 피어나는 바, 자연을 배반하고 문명에 투항하며 숨죽여 지내는 현대인들에게 복효근식 노랫가락이 더 많아졌으면 좋겠다. 이를 테면, 촌철살인의 비유도, 성마른 교훈도 없이 자연스레 터져 나오는 절창, 아니 절로절로의 가락!

>난분분 십리 화개
>꽃너울 좀 봐
>어휴 어휴
>열예닐곱 몽정 빛깔로
>숨이 차는데
>오늘은
>섬진강 어느 처녀애랑 눈이 맞아서
>때마침 차오르는 산비알 녹차밭에
>부여안고 넘어진대도
>아무 일 없을 듯
>아무 일도 없을 듯
>니캉 내캉
>꽃 본 죄밖에
>꽃 된 죄밖에
>
>—「꽃 본 죄」 전문

시인동네 시인선

어느 대나무의 고백
ⓒ 복효근

초판 1쇄 인쇄	2024년 3월 4일
초판 1쇄 발행	2024년 3월 11일
지은이	복효근
펴낸이	김석봉
디자인	헤이존
펴낸곳	문학의전당
출판등록	제448-251002012000043호
주소	충북 단양군 적성면 도곡파랑로 178
전화	043-421-1977
전자우편	sbpoem@naver.com

ISBN 979-11-5896-634-8 03810

*이 책의 판권은 지은이와 문학의전당에 있습니다.
*양측의 서면 동의 없는 무단 전재 및 복제를 금합니다.
*잘못 만들어진 책은 바꿔드립니다.